FRANÇOIS COUPERIN

Les Baricades Mistérieuses

Second Livre de pièces de clavecin (1717)

pour piano / for Piano / für Klavier

Urtext

Édition de / Edited by / Herausgegeben von

Catherine Massip

ALLE RECHTE VORBEHALTEN · ALL RIGHTS RESERVED

EDITION PETERS

LEIPZIG · LONDON · NEW YORK

Sommaire · Contents · Inhalt

Avant-propos · Preface · Vorwort .... III · IV · V

François Couperin: *Les Baricades Mistérieuses* 2

Notes critiques · Critical Notes · Kritische Bemerkungen 6

Table des ornements · Table of Ornaments · Verzierungstabelle 7

© 2021 by C. F. Peters Ltd & Co. KG, Leipzig
Alle Rechte vorbehalten · All rights reserved
Vervielfältigungen jeglicher Art sind gesetzlich verboten.
Any unauthorized reproduction is prohibited by law.
ISMN 979-0-014-13683-3

Avant-propos

Les Baricades Mistérieuses ont été publiées dans le *Second Livre de pièces de clavecin* de François Couperin. Ce livre contient les Ordres six à douze. Le sixième Ordre (donc le premier dans ce volume) contient huit pièces dans la tonalité de *si* bémol majeur : *Les Moissonneurs* (p. 1), *Les Langueurs-Tendres* (p. 2), *Le Gazoüillement* (p. 3), *La Bersan* (p. 4), *Les Baricades Mistérieuses* (p. 6), *Les Bergeries*. Rondeau (p. 8), *La Commère* (p. 10), *Le Moucheron* (p. 11). S'il fallait définir l'atmosphère de cet ensemble de pièces, les titres choisis par Couperin pourraient suggérer un caractère pastoral et galant. La forme du rondeau prédomine puisque le compositeur l'utilise pour quatre des huit pièces (*Les Moissonneurs*, *Le Gazoüillement*, *Les Baricades Mistérieuses*, *Les Bergeries*).

La date de publication du *Second Livre* a été longtemps discutée.[1] Bien que Couperin ait obtenu un privilège le 14 mai 1713, plusieurs années en retardèrent la publication, jusqu'en 1717. Cette date s'impose, en raison des allusions faites par Couperin dans sa préface, l'une à *L'Art de toucher le clavecin* publié en 1716, et l'autre au livre de pièces de viole de Marin Marais de la même année, gravé, comme le *Second livre de pièces de clavecin*, par François Duplessis.[2]

Quinze réimpressions du *Second Livre* ont été identifiées : elles s'échelonnent de 1717 à 1745. On sait que le chiffre des tirages n'était pas élevé mais que l'usage des planches gravées permettait facilement de nouveaux tirages et parfois d'insérer une page regravée si la planche correspondante était dégradée.[3]

Contrairement aux *Bergeries*, les *Baricades Mistérieuses* n'ont pas joui d'une grande diffusion dans les sources manuscrites du XVIIIe siècle. Elles figurent uniquement dans la vaste compilation effectuée par le Père Alexandre-Guy Pingré après 1742.[4] En revanche, leur style rappelait celui de l'écriture pour luth, une survivance de l'époque.[5] Bien que Couperin n'ait pas indiqué comme pour *Les Charmes* (9e ordre) « Luthé, et lié », ce style repose sur des accords brisés et surtout sur l'usage systématique des retards et des syncopes créant l'instabilité harmonique caractéristique de la pièce (« les parties luthées et syncopées » selon la définition de Couperin lui-même). Ce type d'écriture rappelle celui de son oncle Louis Couperin dans certaines pièces.

Dans la présente édition, le refrain du rondeau a été restitué entièrement (il ne figure dans l'édition originale que sous la forme de rappels). La gravure originale se caractérise par le très petit nombre de signes d'ornements qui sont réservés aux cadences concluant le rondeau et les différents couplets. Ces trois types d'ornements ou « agrémens » peuvent être développés selon la table placée par Couperin à la fin du premier *Livre de clavecin* : pincé simple (mesures 9[a+b], 29, 43, 65), tremblement (mesures 4, 35, 38, 68), tremblement fermé (mesure 16) et doublé sur tremblement (mesure 21)[6].

S'il y avait quelque doute sur le caractère de la pièce, il suffit de se conformer à l'indication de mouvement choisie par Couperin : « Vivement », ce qui peut éviter le pathos dont les interprétations modernes ont parfois fait preuve. Selon le *Dictionnaire universel* d'Antoine Furetière, le terme « barricade » désigne une « Deffense et fortification ou retranchement que l'on fait à la haste avec des barriques, des charrettes, poutres ou arbres abatus, pour garder quelque passage. On en fait aussi derrière la porte d'une chambre en la fermant avec des verrous, des barres, des cofres, etc. Les Barricades de la Ligue, celles de la guerre de la Fronde faites à Paris au mois d'Aoust 1648. »[7] Si le terme appartient, à la fin du XVIIe siècle, au langage militaire, rien n'interdit d'y ajouter la notion d'enfermement qui, elle, peut être suggérée par la formulation mélodique retenue par Couperin et savamment redite.

Paris, décembre 2020   *Catherine Massip*

---

[1] François Couperin, *Pièces de clavecin – 2. Deuxième livre*. Publiées par Maurice Cauchie et revues d'après les sources par Kenneth Gilbert, Monaco 1980 (Œuvres complètes de François Couperin II).

[2] François Couperin, *Pièces de clavecin. Second livre (1717) avec 8 Préludes et l'Allemande de L'Art de toucher le clavecin (1716–1717)*, éditées par Denis Herlin, Kassel et al., 2018.

[3] Kenneth Gilbert, « Les livres de François Couperin. Note bibliographique », Revue de musicologie, 58, n° 2 (1972), p. 259.

[4] Aujourd'hui à Paris, Bibliothèque Sainte-Geneviève, Ms. 2379, p. 200–201. Bruce Gustafson et David Fuller, *A Catalogue of French Harpsichord Music 1699–1780*, Oxford 1990, p. 92, 319.

[5] David Ledbetter, *Harpsichord and Lute Music in 17th Century France*, London 1987.

[6] Cfr. Table des ornements, p. 7–8.

[7] Antoine Furetière, *Dictionnaire universel, contenant généralement tous les mots françois tant vieux que modernes, et les termes de toutes les sciences et des arts*, La Haye et Rotterdam 1690, non paginé, vue 198, colonne gauche (online : BnF Gallica).

Preface

Les Baricades Mistérieuses was published in the *Second Livre de pièces de Clavecin* by François Couperin. This book contains *ordres* six to twelve. The sixth *ordre* (therefore the first in the book) contains eight pieces in the key of B♭ major: *Les Moissonneurs* (The Reapers, p. 1), *Les Langueurs-Tendres* (Tender Languors, p. 2), *Le Gazoüillement* (Warbling, p. 3), *La Bersan* (p. 4), *Les Baricades Mistérieuses* (The Mysterious Barricades, p. 6), *Les Bergeries* Rondeau (The Sheepfolds, p. 8), *La Commère* (The Gossip, p. 10) and *Le Moucheron* (The Gnat, p. 11). If we were required to define the atmosphere of this collection of pieces, the titles chosen by Couperin could be said to suggest a pastoral and gallant style. The rondeau form predominates as the composer has used it for four of the eight pieces (*Les Moissonneurs*, *Le Gazoüillement*, *Les Baricades Mistérieuses* and *Les Bergeries*).

The publication date of the *Second Livre* has long been debated.[1] Although Couperin had received a royal privilege to publish on 14 May 1713, publication was delayed by several years, probably until around 1717. This date seems most likely, given Couperin's allusions in his preface to the book *L'Art de toucher le clavecin* (published in 1716) and Marin Marais' book of viol pieces, which was published in the same year and (like the *Second livre de pièces de clavecin*) was engraved by François Duplessis.[2]

Fifteen reprints of the *Second Livre* have been identified, dating from 1717 to 1745. We know that the print runs were small, but the use of engraved plates made it easy to reprint and sometimes to insert a re-engraved page if the plate had degraded.[3]

Unlike *Les Bergeries*, *Les Baricades Mistérieuses* was not widely distributed in manuscript form during the eighteenth century; it only appeared in the vast compilation made after 1742 by Fr. Alexandre-Guy Pingré.[4] However, its style is a relic of the period, recalling that of lute music.[5] Although Couperin did not mark this piece '*Luthé, et lié*' (lute-like and legato) as he did *Les Charmes* (in the ninth *ordre*), its style is based on broken chords and especially on the systematic use of suspensions and syncopation (or as Couperin himself put it, '*les parties luthées et syncopées*') to create its characteristic harmonic instability. In some of the pieces, this type of writing is reminiscent of his uncle, Louis Couperin.

In this edition, the rondeau refrain has been written out in full (in the original edition it appears as repeats). The original engraving has very few ornaments, those that are included appearing only at the concluding cadences of the rondeau and each couplet. The three types of ornaments or '*agréments*' can be realized according to the table provided by Couperin at the end of his first *Livre de clavecin*: *pincé simple* (bars 9[a+b], 29, 43, 65), *tremblement* (bars 4, 35, 38, 68), *tremblement fermé* (bar 16) and *doublé sur tremblement* (bar 21).[6]

If in doubt about the character of the piece, simply follow the tempo indication chosen by Couperin: '*Vivement*' (briskly), which will avoid the pathos sometimes heard in modern interpretations of the piece. According to Antoine Furetière's *Dictionnaire universel*, the term 'barricade' means a 'Defence and fortification or entrenchment constructed in haste using barrels, carts, joists or felled trees in order to bar a route. Barricades are also made behind the door to a room, blocking it with bolts, bars, chests, etc. *Les Barricades de la Ligue* were those built during the La Fronde war in Paris in August 1648.'[7] Although at the end of the seventeenth century the term was a military one, there is no reason not to add the idea of enclosure that is perhaps suggested by Couperin's perpetuation of the melodic formula to which he so expertly returns.

Paris, December 2020 *Catherine Massip*
(Translation: Rebecca S. Mynett)

---

[1] François Couperin, *Pièces de clavecin – 2. Deuxième livre*. Published by Maurice Cauchie and revised from the orginal sources by Kenneth Gilbert, Monaco 1980 (Œuvres complètes de François Couperin II).

[2] François Couperin, *Pièces de clavecin. Second livre (1717) avec 8 Préludes et l'Allemande de L'Art de toucher le clavecin (1716–1717)*, edited by Denis Herlin, Kassel et al., 2018.

[3] Kenneth Gilbert, "Les livres de François Couperin. Note bibliographique", *Revue de musicologie*, 58, n° 2 (1972), p. 259.

[4] Now held in Paris, Bibliothèque Sainte-Geneviève, Ms. 2379, pp. 200–201. Bruce Gustafson and David Fuller, *A Catalogue of French Harpsichord Music 1699–1780*, Oxford 1990, pp. 92, 319.

[5] David Ledbetter, *Harpsichord and Lute Music in 17th Century France*, London 1987.

[6] See Table of Ornaments, p. 7f.

[7] Antoine Furetière, *Dictionnaire universel, contenant généralement tous les mots françois tant vieux que modernes, et les termes de toutes les sciences et des arts*, The Hague and Rotterdam 1690, no page numbers, image 198, left column (online: BnF Gallica).

Vorwort

Les Baricades Mistérieuses wurden in François Couperins *Second Livre de pièces de clavecin* veröffentlicht. Dieses Buch enthält die Abteilungen sechs bis zwölf. Die sechste Abteilung (nämlich die erste in diesem zweiten Buch) enthält acht Stücke in B-Dur: *Les Moissonneurs* (Die Schnitter, S. 1), *Les Langueurs-Tendres* (Zarte Trägheit, S. 2), *Le Gazoüillement* (Das Zwitschern, S. 3), *La Bersan* (S. 4), *Les Baricades Mistérieuses* (Die geheimnisvollen Barrikaden, S. 6), *Les Bergeries*. Rondeau (Die Schafställe, S. 8), *La Commère* (Die Klatschbase, S. 10), *Le Moucheron* (Der Steppke, S. 11). Würde man die Eigenart dieser Stücke beschreiben wollen, könnten die von Couperin gewählten Titel einen pastoralen und galanten Charakter suggerieren. Die Rondeau-Form überwiegt, da der Komponist sie für vier der acht Stücke verwendet (*Les Moissonneurs, Le Gazoüillement, Les Baricades Mistérieuses* und *Les Bergeries*).

Das Erscheinungsdatum des *Second Livre* wurde lange Zeit diskutiert.[1] Obwohl Couperin am 14. Mai 1713 ein Privileg erhielt, verzögerte sich die Veröffentlichung um mehrere Jahre bis 1717. Dieses Datum ist folgerichtig zum einen aufgrund der von Couperin in seinem Vorwort zu *L'Art de toucher le clavecin* (Die Kunst, das Cembalo zu spielen) von 1716 gemachten Anspielungen, zum anderen aufgrund des im gleichen Jahr veröffentlichten Buches der Stücke für Viola von Marin Marais, das wie das *Second Livre de pièces de clavecin* im gestochenen Druck von François Duplessis erschien.[2]

Es sind 15 Nachdrucke des *Second Livre* nachweisbar: Sie reichen von 1717 bis 1745. Es ist bekannt, dass zwar die Druckauflagen klein waren, dass aber die Verwendung von gestochenen Platten leicht neue Drucke ermöglichte und dass manchmal eine neugestochene Seite eingefügt wurde, wenn die entsprechende Platte an Qualität verloren hatte.[3]

Im Gegensatz zu *Les Bergeries* erlebte *Les Baricades Mistérieuses* in handschriftlichen Quellen des 18. Jahrhunderts keine große Verbreitung. Es erschien allein in der umfangreichen Sammlung von Pater Alexandre-Guy Pingré nach 1742.[4] Ihr Stil erinnerte jedoch an Lautenschrift, ein Relikt aus dieser Zeit.[5] Obwohl Couperin nicht wie bei *Les Charmes* (9. Abteilung) „Luthé, et lié" (im Lautenstil, und gebunden) vorgeschrieben hat, basiert dieser Stil auf gebrochenen Akkorden und vor allem auf der systematischen Verwendung von Verzögerungen und Synkopen, wodurch die charakteristische harmonische Instabilität des Stückes erzeugt wird (nach Couperins Definition „les parties luthées et syncopées", lautenhaft und synkopiert). Diese Art des Schreibens erinnert in bestimmten Stücken an die seines Onkels Louis Couperin.

In der vorliegenden Ausgabe wurde die Wiederholung des Rondeau ausnotiert (in der Originalausgabe nur als Wiederholungsanweisung abgekürzt). Die Druckvorlage ist gekennzeichnet durch die sehr geringe Anzahl von Ornamenten, die den Kadenzen vorbehalten sind, die jeweils das Rondeau und die verschiedenen Couplets abschließen. Diese drei Verzierungsarten können gemäß der Tabelle ausgeführt werden, die Couperin zu Beginn seines ersten *Livre de clavecin* veröffentlicht hat: Mordent (Takte 9[a+b], 29, 43, 65), langer Triller (Takte 4, 24, 35, 38, 68), geschlossener Triller (Takt 16) und prallender Doppelschlag (Takt 21).[6]

Sollten Zweifel am Charakter des Stückes bestehen, dann genügt es, der von Couperin gewählten Tempoangabe zu entsprechen: „Vivement" (lebhaft), womit das Pathos vermieden werden kann, für das moderne Interpretationen manchmal beispielhaft sind. Dem *Dictionnaire universel* von Antoine Furetière folgend, bezeichnet der Begriff „barricade" eine „Verteidigung und Befestigung oder Verschanzung, die mit Hilfe von Fässern, Karren, Balken oder umgestürzten Bäumen errichtet wird, um einen Durchbruch aufzuhalten. Sie kann auch hinter der Tür eines Raumes errichtet werden, indem sie mit Riegeln, Stangen, Truhen usw. verschlossen wird. Die Barrikaden der Liga, die des Fronde-[Dreißigjährigen] Krieges, waren solche, die im August 1648 in Paris errichtet wurden."[7] Auch wenn der Begriff Ende des 17. Jahrhunderts zur Militärsprache gehört, gibt es keinen Grund, ihn nicht auch als Einigelung oder Einkapselung zu verstehen, was möglicherweise durch die von Couperins Wiederholung suggerierte melodische Formel nahelegt, zu der er stets gekonnt zurückkehrt.

Paris, Dezember 2020 *Catherine Massip*

---

[1] François Couperin, *Pièces de clavecin – 2. Deuxième livre*, herausgegeben von Maurice Cauchie und nach den Quellen gelesen von Kenneth Gilbert, Monaco 1980 (Œuvres complètes de François Couperin II).

[2] François Couperin, *Pièces de clavecin. Second livre (1717) avec 8 Préludes et l'Allemande de L'Art de toucher le clavecin (1716–1717)*, herausgegeben von Denis Herlin, Kassel u. a., 2018.

[3] Kenneth Gilbert, „Les livres de François Couperin. Note bibliographique", in: *Revue de musicologie*, 58, Nr. 2 (1972), S. 259.

[4] Heute in Paris, Bibliothèque Sainte-Geneviève, Ms. 2379, S. 200f. Bruce Gustafson und David Fuller, *A Catalogue of French Harpsichord Music 1699–1780*, Oxford 1990, S. 92, 319.

[5] David Ledbetter, *Harpsichord and Lute Music in 17th Century France*, London 1987.

[6] Vgl. die Verzierungstabelle, S. 7f.

[7] Antoine Furetière, *Dictionnaire universel, contenant généralement tous les mots françois tant vieux que modernes, et les termes de toutes les sciences et des arts*, Den Haag und Rotterdam 1690, nicht paginiert, Bogen 198, linke Spalte (online: BnF Gallica).

Les Baricades Mistérieuses

François Couperin (1668–1733)

Notes critiques

Notes générales

La présente édition suit en détail la source suivante :

Second Livre de pièces | DE | CLAVECIN | COMPOSE PAR | *Monsieur Couperin, Organiste de la Chapelle du* ROY; *ordinaire* | *de la Musique de la Chambre de sa* MAJESTE; *et* | *cy-devant Professeur-maître de composition et* | *d'accompagnement de feu* MONSEIGNEUR LE | DAUPHIN *Duc de Bourgogne.* | *Gravé par Fr. du Plessy* | Prix en blanc. | A PARIS | Chés L'Auteur rüe de Poitou au Marais | Le Sieur Foucaut à la Règle d'or, rüe St Honoré vis-à-vis | la rüe des Bourdonnois. | Avec Privilége du Roy. | gravé par Berey.

Par ailleurs, le texte respecte strictement la gravure originale. Les ajouts effectués par l'éditeur, notamment les altérations de précaution, sont indiqués par des signes diacritiques (petits caractères) si ceux-ci sont absents de la source. Les divergences sont notées dans les notes et variantes. Dans l'édition originale, la main droite est écrite en clé d'*ut* 3. Dans la présente édition, elle est transcrite en clé de *fa* 4. De même, le rondeau est indiqué mais non transcrit dans l'édition originale ; il a été restitué dans la présente édition pour des raisons pratiques.

Notes et variantes

Les abréviations sont indiquées comme suit : mesure (de la présente édition) – système supérieur/inférieur (main gauche [m.g.]/main droite [m.d.]) – caractères – lecture de la source/note

4, 24, 38, 68 m.d. 3–4 noire pointée dans l'édition originale transcrite en noire liée croche

9 « Rondeau &c. » (entre les systèmes)

10, 29, 43, 73 « Fin. » (de rappel)

16 m.d. voix inférieure 4–6 trait droit avec crochet en dessous des notes qui indique un tremblement fermé (remplacé par une liaison), voir le 8me exemple de musique à la page 7

34 m.d. voix supérieure séparation du groupe de 8 croches en deux fois 4 croches

52 m.d. voix supérieure 2–3 deux noires liées

Paris, décembre 2020   *Catherine Massip*

Critical Notes

General Information

This edition is closely based on the following source:

Second Livre de pièces | DE | CLAVECIN | COMPOSE PAR | *Monsieur Couperin, Organiste de la Chapelle du* ROY; *ordinaire* | *de la Musique de la Chambre de sa* MAJESTE; *et* | *cy-devant Professeur-maître de composition et* | *d'accompagnement de feu* MONSEIGNEUR LE | DAUPHIN *Duc de Bourgogne.* | *Gravé par Fr. du Plessy* | Prix en blanc. | A PARIS | Chés L'Auteur rüe de Poitou au Marais | Le Sieur Foucaut à la Règle d'or, rüe St Honoré vis-à-vis | la rüe des Bourdonnois. | Avec Privilége du Roy. | gravé par Berey.

The score follows the original engraving exactly. Editorial additions are printed small. Changes are noted under notes and variants. In the original edition, the right hand is written in the alto clef. In this edition it has been transcribed into the bass clef. Likewise, repeats of the rondeau has been restored for practical reasons.

Notes and variants

Abbreviations are indicated as follows: bar (in this edition) – upper/lower system (left hand [l.h.]/right hand [r.h.]) – note numbers – reading in the source/note

4, 24, 38, 68 r.h. 3–4 dotted crotchet in the original edition transcribed as a crotchet tied to a quaver

9 'Rondeau &c.' (between systems)

10, 29, 43, 73 'Fin.' (end of the repeat)

16 r.h. lower voice 4–6 straight line with a two hooks below the notes indicating a *tremblement fermé* (replaced with a slur), see 8th incipit on page 7

34 r.h. upper voice, group of eight quavers separated into two sets of four quavers

52 r.h. upper voice 2–3 two tied crotchets

Paris, December 2020   *Catherine Massip*
         (Translation: Rebecca S. Mynett)

Kritische Bemerkungen

Allgemeine Hinweise

Die Ausgabe folgt detailliert der gedruckten Quelle:

Second Livre de pièces | DE | CLAVECIN | COMPOSÉ PAR | *Monsieur Couperin, Organiste de la Chapelle du* ROY; *ordinaire* | *de la Musique de la Chambre de sa* MAJESTÉ; *et* | *cy-devant Professeur-maître de composition et* | *d'accompagnement de feu* MONSEIGNEUR LE | DAUPHIN *Duc de Bourgogne.* | *Gravé par Fr. du Plessy* | Prix en blanc. | A PARIS | Chés L'Auteur rüe de Poitou au Marais | Le Sieur Foucaut à la Règle d'or, rüe St Honoré vis a vis | la rüe des Bourdonnois. | Avec Privilége du Roy. | gravé par Berey.

Herausgeberzusätze wurden durch diakritische Zeichen (Kleinstich) gekennzeichnet, wenn sie in der Quelle fehlen. Abweichungen werden in den Einzelnachweisen vermerkt. In der Originalausgabe ist das obere System im Alt- oder Bratschenschlüssel notiert, in der vorliegenden Ausgabe ist sie hingegen in Bassschlüssel geschrieben. Weiterhin wird in der Originalausgabe auf das wiederkehrende Ritornell (Rondeau) lediglich hingewiesen, in der vorliegenden Ausgabe wurde es aufgrund der Praktikabilität stets ausnotiert.

Einzelanmerkungen

Abkürzungshinweise werden wie folgt zitiert: Takt (der Ausgabe) – oberes/unteres System (r.H./l.H.) – Zeichen – Lesart der Quelle(n)/Anmerkung

4, 24, 38, 68 r.H. 3–4 punktierte Viertelnote

9 „Rondeau &c." (zwischen den Systemen)

10, 29, 43, 73 „Fin." (Ende des Rondeau)

16 r.H. untere Stimme 4–6 Klammer unter den Noten, die einen geschlossenen Triller anzeigt (durch einen Bindebogen ersetzt), vgl. das achte Notenbeispiel auf Seite 7

34 r.H. obere Stimme durchgängig gebalkt

52 r.H. obere Stimme 2–3 zwei Viertelnoten durch Haltebogen verbunden

Paris, Dezember 2020   *Catherine Massip*

Table des ornements · Table of Ornaments · Verzierungstabelle

François Couperin, *Premier Livre de pièces de clavecin*, Paris 1713, p. 74–75